AF329416

DÉCRETS

DES

JANVIER 1925

portant réglementation du

TRAVAIL DES CHEMINS DE FER DES GRANDS RÉSEAUX

(pour les Grands Ateliers et les Agents des services roulants)

(Décret PEYTRAL)

et

FÉVRIER 1926

réglementant le TRAVAIL DES OUVRIERS DES GRANDS ATELIERS

(premier Décret DE MONZIE)

LIBRAIRIE COOPÉRATIVE OUVRIÈRE

rue de la Manutention, 16

1926

LES HUIT HEURES

—»-o-«—

DÉCRET DU 16 JANVIER 1925

Portant réglementation du travail des Employés des Chemins de fer des Grands Réseaux, sauf les Ouvriers des Grands Ateliers et les Agents des Services roulants.

(Décret PEYTRAL)

Article premier. — Les dispositions du présent décret sont applicables aux agents de chemins de fer sur les Réseaux d'Alsace et de Lorraine, de l'Est, de l'Etat, du Midi, du Nord, de Paris à Lyon et à la Méditerranée, de Paris à Orléans et des Ceintures de Paris, dans tous les établissements de ces Réseaux.

Art. 2. — Pour chaque établissement, partie d'établissement, chantier ou poste, l'administration du réseau devra, pour l'exécution de la loi du 23 avril 1919, appliquer, dans la limite de 298 journées de travail annuel pour une année ordinaire et 299 journées pour une année bissextile, la limitation du travail effectif à huit heures par journée de service.

Toutefois, à cette limitation pourra être substitué l'un des deux modes ci-après :

1° Limitation du travail effectif, par périodes successives n'excédant pas dix jours, à un maximum égal à autant de fois huit heures qu'il y a effectivement de journées de service dans chaque période, compte tenu des repos et congés prescrits par des dispositions légales ou par le statut du personnel des chemins de fer, sans que la durée du travail effectif d'une journée considérée individuellement dépasse, en aucun cas, dix heures.

Dans des cas exceptionnels tels qu'a-coups de trafic saisonnier, et sous réserve des dispositions de l'article 19, la durée de ces périodes pourra être portée à plus de dix jours, sans toutefois pouvoir excéder quarante-cinq jours.

2° En ce qui concerne spécialement les agents chargés de l'entretien des voies, les agents chargés de l'entretien des installations électriques et des signaux et les ouvriers des équipes techniques de la voie, limitation du travail effectif à un maximum égal à autant de fois huit heures qu'il y a de journées de service par périodes successives, n'excédant pas quatre-vingt-dix jours, compte tenu des

repos et congés prescrits par des dispositions légales ou par le statut du personnel des chemins de fer, sans que la durée du travail effectif d'une journée, considérée individuellement, dépasse en aucun cas dix heures.

Pour toutes ces équipes, il est admis que la journée normale de huit heures pourra être allongée pendant une durée de trois mois, sans toutefois dépasser neuf heures. Ces heures faites en plus seront compensées pendant trois autres mois de l'année.

ART. 3. — Pour chaque établissement, partie d'établissement, chantier ou poste, il est établi un tableau de service précisant la répartition des heures de service pour chaque journée et, éventuellement, pour toute autre période de temps, dans le cas d'application des 1° et 2° de l'article 2.

Ce tableau de service, établi suivant l'heure légale, fixera les heures auxquelles commencera et finira chaque période de travail, compte tenu des dispositions édictées par l'article 6 ci-après.

Toute modification de la répartition des heures de travail devra donner lieu, avant sa mise en application, à une rectification du tableau ainsi établi.

Ce tableau sera affiché en caractères lisibles et de façon apparente dans chacun des locaux de travail auxquels il s'applique ou, en cas de personnel occupé au dehors, dans l'établissement auquel le personnel intéressé est attaché.

Un double du tableau de service et des rectifications qui y seraient apportées éventuellement devra être adressé au préalable à l'Inspecteur du travail des agents des chemins de fer dont relève l'établissement ; toutefois, en ce qui concerne les rectifications purement accidentelles de la répartition des heures de service, le relevé de ces rectifications sera communiqué, par état mensuel, aux fonctionnaires du contrôle du travail des agents des chemins de fer.

En cas d'organisation du travail par équipe, la composition nominative de chaque équipe sera tenue constamment à la disposition du service du contrôle du travail.

ART. 4. — Lorsque des causes accidentelles ou nettement caractérisées de force majeure auront interrompu le travail dans un établissement, un atelier ou un chantier, une prolongation de la journée de travail pourra être pratiquée à titre de compensation des heures de travail perdues dans les conditions ci-après :

a) En cas d'interruption d'une journée au plus, la récupération pourra s'effectuer dans un délai maximum de quinze jours à dater du jour de la reprise du travail ;

b) En cas d'interruption d'une semaine au plus, la récupération pourra s'effectuer dans un délai maximum de soixante jours à dater du jour de la reprise du travail ;

c) En cas d'interruption excédant une semaine, la récupération pourra s'effectuer au-delà de la limite indiquée à l'alinéa précédent, mais seulement avec une autorisation écrite du Service du Contrôle du Travail, sur la demande du réseau, qui y joindra l'avis des délégués régionaux du personnel intéressé.

L'Administration du Réseau qui veut faire usage des facultés de récupération ci-dessus prévues doit, soit dans l'avis, soit dans la demande d'autorisation qu'elle devra adresser au service du contrôle du travail, indiquer la nature, la cause et la date de l'interruption collective du travail, le nombre d'heures de travail perdues, les modifications qu'elle se propose d'apporter temporairement au tableau de service en vue de récupérer les heures perdues, ainsi que le nombre d'agents auxquels s'applique cette modification.

L'application des dispositions du présent article ne pourra porter la durée du travail effectif d'une journée à plus de dix heures.

ART. 5. — La durée journalière du service, pour les travaux préparatoires ou complémentaires, pourra être portée au-delà des limites fixées conformément aux articles 2 et 4 du présent décret. Cette augmentation ne pourra être supérieure à une heure pour les sous-chefs de brigade et agents d'un grade inférieur et à deux heures pour les contremaîtres et chefs de brigade.

Ces dérogations devront être strictement limitées aux nécessités du service ; elles s'appliquent aux travaux ci-dessous désignés :

1° Travaux des agents employés au service de la force motrice, de l'éclairage, du chauffage et du matériel de levage ;

2° Travail des agents employés d'une façon courante ou exceptionnelle, pendant l'arrêt de la production, à l'entretien ou au nettoyage des machines et autres appareils que la connexité des travaux ne permet pas de mettre isolément au repos pendant la marche générale de l'établissement ;

3° Travail des contremaîtres, des chefs ou sous-chefs de brigade ou des agents spécialistes dont la présence est indispensable pour coordonner le travail de deux équipes qui se succèdent ;

4° Travail des contremaîtres, chefs ou sous-chefs de brigade pour la préparation des travaux exécutés par l'établissement ;

5° Travail du personnel, des contremaîtres, chefs et sous-chefs de brigade et des agents affectés spécialement aux études ou essais, à la mise au point de nouveaux types, et à la réception de tous appareils.

ART. 6. — Par application de l'article 8 (4°) du Code du Travail et de la Prévoyance sociale et par dérogation aux dispositions de l'article 2, les limitations prévues par l'article 2 pour la durée du service journalier ne sont pas applicables à certaines catégories d'agents chargés d'un travail tel que la durée du service ne puisse être assimilée à une durée de travail effectif. Mais la durée du service journalier, plus spécialement appelée, dans ce cas, durée de présence, reste, par contre, soumise aux maxima fixés ci-après.

Dans la limite des maxima fixés, les tableaux de service prévus par l'article 3 fixeront la durée de présence des agents, en tenant compte de la nature et de l'importance du service dont ils sont chargés.

Il est admis que cette durée de présence est équivalente à la durée maximum de travail effectif fixée par l'article 6 du chapitre II du titre 1er du livre II du Code du Travail et de la Prévoyance sociale.

1° Plantons, garçons de bureau et emplois féminins similaires, infirmiers, conducteurs de générateurs et de machines fixes d'alimentation, agents assurant un service de gardiennage, électriciens des usines et sous-stations logés à proximité immédiate du lieu de leur travail. — Maximum de douze heures par jour sous réserve de l'observation des prescriptions du deuxième alinéa du présent article ;

2° Agents du service intérieur des voitures. — Maximum de douze heures par jour pour les hommes et de dix heures pour les femmes ; toutefois, le maximum journalier peut être porté à la durée nécessaire pour assurer le service de bout en bout ;

3° Agents autres que ceux visés aux paragraphes 1° et 2° dont le travail principal est subordonné au service des trains ou à la demande des usagers, lorsque leur service comporte des périodes d'inaction. — Prolongation au-delà de la limite journalière fixée par l'article 2, ne pouvant excéder les trois quarts de la somme des périodes d'inaction constatées dans le travail de l'agent intéressé, et avec maximum de douze heures par jour ;

4° La durée de présence des gardes-barrières ayant la faculté de quitter leurs barrières ou leur guérite et de rentrer dans la maison de garde et celle des agents logés sur place, et n'assurant pendant au moins six heures qu'un service exclusif de barrières, peut être portée à quinze heures sous réserve de l'observation des prescriptions du deuxième alinéa du présent article ;

5° La durée de la présence des gardiens, concierges et agents similaires logés dans l'établissement dont ils ont la surveillance ou à proximité de cet établissement, pourra être continue, sous réserve des repos prévus par le statut du personnel.

Art. 7. — La durée de travail effectif peut être, à titre temporaire, prolongée au-delà des limites fixées par les articles 2 et 5 du présent décret, dans les conditions suivantes :

1° Travaux urgents dont l'exécution immédiate est nécessaire pour prévenir les accidents imminents, organiser des mesures de sauvetage ou réparer des accidents survenus, soit au matériel, soit aux installations, soit aux bâtiments. — Faculté illimitée pendant un jour au choix du chef de service, les jours suivants deux heures au-delà de la limite assignée à la durée normale du service ;

2° Travaux exécutés dans l'intérêt de la sûreté et de la défense nationale sur un ordre du Gouvernement constatant la nécessité de la dérogation. — Limite à fixer, dans chaque cas, par le Ministre des Travaux publics ;

3° Surcroît extraordinaire de travail. — Soixante-quinze heures par an, avec maximum de deux heures par jour, à charge pour le réseau qui fera usage de cette faculté d'en aviser le Service du Contrôle du Travail.

En outre, le Ministre des Travaux publics pourra, sur la demande de l'Administration d'un Réseau, autoriser cent heures de plus, sans que la durée de travail d'une journée prise isolément puisse dépasser de plus de deux heures la durée normale.

Art. 8. — Les heures de travail effectuées par application des dérogations prévues au 3° de l'article 7 du présent décret sont considérées comme heures supplémentaires et payées conformément aux règles en vigueur pour les heures de travail effectuées en dehors de la durée normale.

Art. 9. — Le décompte de la durée de service est effectué d'après les règles générales suivantes :

Est décompté comme durée de service l'intervalle de temps compris entre le commencement effectif à pied-d'œuvre et la cessation effective à pied-d'œuvre du service assigné à l'agent.

Ne sont pas comptés dans la durée du service :

La durée totale des coupures ;

Le temps consacré à la collation dite « casse-croûte » ;

Le temps nécessaire au déshabillage, au lavage et au rhabillage ;

La durée des trajets nécessaires pour se rendre sur le lieu habituel de son travail ou en revenir, sous réserve des dispositions prévues à l'article 13 pour les agents affectés à l'entretien des voies ;

Le temps strictement nécessaire à la transmission du service entre agents assurant successivement un même service.

Art. **10.** — Les interruptions pour repos, dites coupures, peuvent être au nombre de deux, ou exceptionnellement de trois, au cours d'une journée de service, la troisième coupure est d'ailleurs subordonnée à une autorisation expresse du Service du Contrôle du Travail.

S'il y a plusieurs coupures, l'une d'elles doit avoir une durée minimum d'une heure et demie, l'autre ou les deux autres ayant chacune une durée minimum d'une heure.

S'il n'y a qu'une coupure, elle doit avoir une durée minimum d'une heure et demie, toutefois, cette durée est ramenée à une heure pour les agents visés à l'alinéa 2° de l'article 2.

Dans les services continus comprenant trois postes de huit heures, il ne pourra être établi de coupure qu'avec une autorisation expresse du Service du Contrôle du Travail.

Art. 11. — L'amplitude de la journée de service (c'est-à-dire la journée de travail effectif ou la durée de présence suivant les cas, augmentée de la durée des coupures) ne peut excéder douze heures.

Toutefois, cette limite de douze heures peut être dépassée dans les cas ci-après, sous réserve des dispositions de l'article 19.

L'amplitude peut être portée à treize heures dans les stations et dans les haltes pour les agents dont le travail est directement lié au service ou au passage des trains ou subordonné aux conditions d'ouverture de ces stations et haltes au public.

Elle peut être portée exceptionnellement à quatorze heures pour les agents visés au troisième alinéa du présent article lorsque, dans les stations ou haltes, les nécessités du service au passage des trains comporteraient un agent supplémentaire pour une fraction d'heure entre la treizième et la quatorzième heure.

L'amplitude peut être également portée à treize heures pour les agents visés au 2° de l'article 2.

Elle peut être portée à quinze heures pour les agents visés au troisième alinéa du présent article lorsqu'ils sont logés gratuitement, soit sur place, soit à proximité immédiate du lieu d'emploi.

En cas d'heures supplémentaires, le maximum de douze heures prévu au premier alinéa ci-dessus peut être augmenté de la durée de ces heures supplémentaires sans pouvoir excéder treize heures.

Lorsque, par suite de circonstances accidentelles, l'amplitude aura exceptionnellement atteint quatorze heures, la période de service devra être suivie d'un repos de dix heures consécutives au moins après laquelle l'agent rentrera exactement dans l'horaire prévu au tableau de service. Il ne pourra être dérogé à cette prescription qu'au cas d'absolue nécessité si le service ne peut être assuré autrement.

Pour les contrôleurs de route et les agents chargés du service intérieur des voitures, l'amplitude peut être portée à la durée nécessaire pour assurer le service de bout en bout. Il en est de même pour les agents effectuant un déplacement.

Dispositions spéciales aux agents en déplacement et aux agents effectuant des remplacements

ART. 12. — Le décompte de la durée du service des agents en déplacement est effectué d'après les règles suivantes :

Sont comptés dans la durée du service :

En totalité :

La durée des trajets effectués obligatoirement sur les machines ou dans les wagons de secours ;
La durée des trajets effectués dans les trains lorsque l'agent qui les effectue est chargé d'un travail effectif pendant toute la durée de ces trajets.

Pour une fraction égale aux trois quarts :

La durée des trajets effectués dans les trains lorsque l'agent qui les effectue est chargé, dans les trains, sur les voies ou dans les gares, d'un service spécial comportant des périodes d'inaction.

Pour une fraction égale à la moitié :

Le temps consacré au convoyage d'un transport, si l'agent est uniquement chargé de ce convoyage ;
La durée des trajets dans les trains quand ils sont uniquement imposés par le déplacement ;
Les délais d'attente compris, soit entre l'arrivée de l'agent sur le lieu du déplacement et le début du service, soit entre la fin du service et le départ de l'agent pour se rendre sur un autre point (ne sont pas comprises dans les délais d'attente les périodes généralement consacrées aux repas dans la limite de deux heures par repas).

La durée ainsi décomptée du service journalier d'un agent en déplacement ne doit pas dépasser :

S'il n'assure pas de remplacement : douze heures ;

S'il assure un remplacement, la durée du service de l'agent remplacé, augmentée de deux heures, sans que l'amplitude puisse dépasser treize heures.

Le décompte de la durée de service des agents effectuant un remplacement est établi suivant les règles applicables à l'agent remplacé.

Dispositions spéciales aux agents affectés à l'entretien des voies

ART. 13. — Le décompte de la durée du service des agents affectés à l'entretien des voies est effectué d'après les règles suivantes :

Sont comptés dans la durée de service :

A raison d'une heure par trois kilomètres :

Le temps employé à la visite des voies, lorsque cette visite est prescrite à l'agent ; la durée correspondante est augmentée, s'il y a lieu, du temps consacré aux travaux exceptionnels que l'agent peut avoir à effectuer au cours de cette visite ;

A raison de quinze minutes par kilomètre :

La durée des trajets en excédent sur 5 kilomètres effectués à pied sur la ligne pour se rendre journellement sur le chantier et en revenir, les 5 kilomètres s'appliquant au total des trajets d'aller et de retour et les distances le long de la ligne étant comptées entre le chantier et, soit le domicile, pour les agents logés dans l'enceinte du chemin de fer, soit le point habituel d'entrée dans le canton, ou, à défaut, le point de la ligne le plus rapproché du domicile de l'agent.

Les durées de service, décomptées comme il est dit dans les deux cas ci-dessus, interviennent dans le calcul du service total de l'agent pendant la période de 90 jours prévue à l'article 2, mais non dans celui de la durée maximum du service journalier, sous réserve toutefois qu'elles n'aient pas pour effet d'augmenter de plus de deux heures cette durée maximum.

Dispositions spéciales au gardiennage de nuit des passages à niveau et au service de remplacement à ces passages.

ART. 14. — Lorsqu'une garde-barrière est chargée du service de jour à un passage à niveau, l'agent de sa famille qui habite avec elle peut être tenu d'assurer le service de nuit du passage à la condition de n'être pas appelé à se relever plus de 60 fois par mois entre vingt et une heures et cinq heures. Chaque manœuvre de barrière effectué par cet agent entre ces deux heures limites est assimilée à un excédent de service de vingt minutes.

La manœuvre des barrières de passages à niveau manœuvrées à distance est comptée en plus.

Les agents, qui assurent des remplacements aux passages à niveau, peuvent être tenus d'assurer le service à tout moment s'ils disposent d'un lit. Dans le cas contraire, la durée du service est limitée à douze heures par vingt-quatre heures.

ART. 15. — Les excédents sur les limites du service journalier fixées aux articles 2 et 6 qui peuvent résulter de l'application de l'article 14 doivent être soit compensés, soit rémunérés.

En cas de compensation, celle-ci doit intervenir au plus tard dans le mois qui suit celui où l'excédent de service s'est produit.

ART. 16. — La durée moyenne du grand repos périodique doit être égale à vingt-quatre heures ; à cette durée s'ajoutera celle du repos journalier précédant ou suivant le grand repos.

Pour les services organisés en trois postes consécutifs, un repos de cinquante-six heures devra suivre deux repos de trente-deux heures.

Le nombre de journées de service entre deux repos périodiques successifs ne doit pas excéder 10.

Par exception, le nombre de journées de service entre deux repos périodiques successifs pourra être porté à 14, sous réserve des dispositions de l'article 19.

Pour les agents affectés à des services chômant partiellement les dimanches et jours de fêtes légales, les repos périodiques sont attribués de préférence les jours de chômage par journée ou demi-journée sans que le nombre des demi-journées puisse être supérieur à celui des journées entières.

Dans les services organisés en 2 ou 3 postes par des agents passant tous dans les mêmes conditions alternativement par chacun des postes pendant la durée d'un même cycle d'alternance, les tableaux de service ne peuvent comprendre plus de 8 postes de nuit consécutifs ; quelle que soit la durée totale du cycle d'alternance, le nombre total des postes de nuit ne peut excéder, pour un même agent, la moitié ou le tiers du nombre des jours compris dans le cycle, suivant qu'il s'agit d'un service à deux postes ou d'un service à trois postes.

Sont considérés comme postes de nuit, pour l'application des dispositions de l'alinéa qui précède, ceux qui comprennent la totalité de la période comprise entre une heure et trois heures.

ART. 17. — Les agents peuvent disposer librement de leur temps pendant leur repos.

Toutefois, en dehors des périodes de travail prévues par les tableaux de service en conformité des dispositions du présent décret, il est admis que certains agents, et notamment les chefs de réserve chargés d'assurer le secours comme mécaniciens, les chefs de gare, de station ou de halte, les agents dont le concours est nécessaire en cas de dérangement des installations fixes, ou des appareils intéressant la sécurité ou la circulation des trains, peuvent, à raison de leurs fonctions, être appelés pendant leurs périodes de repos à répondre aux besoins urgents.

Les règlements de service peuvent, à cet égard, prendre toutes dispositions utiles pour que les agents puissent être, pendant ces périodes, rappelés en cas de besoin.

ART. 18. — Un registre spécial, ouvert dans chaque établissement, est tenu à la disposition des agents dans un local constamment accessible à chacun d'eux, pour leur permettre d'y mentionner les dérogations aux prescriptions du présent décret qui se sont produites au cours de leur travail personnel, ainsi que toutes observations ou réclamations auxquelles donnerait lieu, de leur part, l'application du présent décret.

Ce registre est tenu constamment à la disposition des fonctionnaires du contrôle du travail des agents de chemins de fer.

Sous le bénéfice des dispositions qui précèdent, les agents ne peuvent, en aucun cas et sous aucun prétexte, invoquer la prolongation de la durée de leur service ou une réduction de leur repos pour abandonner leur poste ou refuser le service qui leur est commandé.

Les dérogations occasionnées par des incidents imprévus feront l'objet d'un compte rendu mensuel adressé par les réseaux au service du contrôle du travail dans les formes qui seront déterminées par un arrêté du ministre des Travaux Publics.

ART. 19. — Les difficultés d'ordre local ou régional auxquelles donnerait lieu l'application du présent décret, et notamment des dispositions prévues aux articles 2, 5, 6, 7, 9, 11, 12, 13, 16 et 17 seront réglées par le service du contrôle du travail après audition des intéressés et du représentant du réseau ; le délégué statutaire régional sera entendu sur sa demande ou sur celle des intéressés.

Les difficultés d'ordre général que pourrait soulever l'application du présent décret seront réglées par le ministre des travaux publics, qui prononcera sur conclusions du Directeur du contrôle du travail prises après avis d'une commission tripartite composée en nombre égal de membres représentant l'administration, les réseaux et les organisations ouvrières ou le personnel.

Cette Commission sera nommée par arrêté ministériel.

ART. 20. — Le présent décret n'est pas applicable :

1° Aux agents ci-après désignés lorsque leur travail ne comporte pas normalement de tableau de service et pour lesquels un règlement d'administration publique fixera ultérieurement les conditions d'application de la loi du 23 avril 1919 : agents du service de l'exploitation placés sur une échelle au moins égale à celle des sous-chefs de gare principaux, agents de l'entretien et des travaux placés sur une échelle au moins égale à celle du chef de district de 2e classe ou faisant fonctions de chef de district, chefs conducteurs électriciens et agents du service du matériel et de la traction placés sur une échelle au moins égale à celle de sous-chef de dépôt de 3e classe, agents des services régionaux et centraux et des administrations centrales placés sur une échelle au moins égale à celle de sous-chef de bureau de 2e classe ; agents du service des acquisitions et du bornage ; agents chargés de la gestion des magasins et agents concourant à différents services de réception, de surveillance, de contrôle et d'inspection dont le travail ne comporte pas normalement de tableau de service ;

2° Aux mécaniciens, chauffeurs et agents des trains pour lesquels un règlement d'administration publique spécial fixera les conditions d'application de la loi du 23 avril 1919.

ART. 21. — Le présent décret est applicable au personnel des grands ateliers régis par les administrations des grands réseaux d'intérêt général dans les conditions qui sont déterminées par un décret pris sur le rapport des ministres des Travaux Publics et du Travail.

ART. 22. — Les dispositions du présent décret entreront en vigueur dans un délai de cinq semaines après la publication au **Journal Officiel** ; les dispositions du décret du 14 septembre 1922 cesseront de porter effet à partir de la même date.

Des dérogations pourront être apportées, avec l'autorisation du ministre des Travaux Publics, pendant un délai maximum de cinq autres semaines à dater de la mise en vigueur des dispositions du présent décret pour permettre la transition entre le régime institué par ces dispositions et le régime antérieur.

ART. 23. — Des règlements d'administration publique, pris sur le rapport des ministres des Travaux Publics et du Travail, détermineront, si elles ne résultent pas déjà de règlements généraux, les conditions d'application de la loi du 23 avril 1919 aux agents des entreprises que les grands réseaux chargent d'effectuer, dans l'enceinte du chemin de fer, des travaux relatifs à l'exploitation.

ART. 24. — Des règlements d'administration publique, pris sur le rapport du ministre des Travaux Publics, détermineront les conditions d'application de la loi du 23 avril 1919 aux agents des réseaux secondaires d'intérêt général et des réseaux d'intérêt local, y compris ceux des gares communes avec les grands réseaux.

ART. 25. — Un règlement d'administration publique, pris sur le rapport des ministres de l'Intérieur et des Travaux Publics, fixera les conditions d'application de la loi du 23 avril 1919 aux agents des chemins de fer d'intérêt général de l'Algérie.

ART. 26. — Le ministre des Travaux Publics est chargé de l'exécution du présent décret, qui sera publié au **Journal Officiel** et inséré au **Bulletin des Lois**.

Fait à Paris, le 16 janvier 1925.

Gaston DOUMERGUE.

Par le Président de la République :

Le Ministre des Travaux Publics,
Victor PEYTRAL.

DÉCRET DU 15 FÉVRIER 1926

Portant réglementation du travail des Ouvriers des Grands Ateliers

(Premier Décret DE MONZIE)

Le Président de la République française,

Sur le rapport du ministre des Travaux Publics et du ministre du Travail,

Vu la loi du 23 avril 1919 sur la journée de huit heures, etc...

Décrète :

Article premier. — Le décret du 16 janvier 1925, portant règlement d'administration publique pour l'application de la loi du 23 avril 1919 sur la journée de huit heures aux agents des grands réseaux de chemins de fer d'intérêt général autres que les mécaniciens, chauffeurs et agents des trains, est applicable au personnel des grands ateliers régis par les administrations des grands réseaux d'intérêt général, dont la liste est annexée au présent décret, sous réserve des modifications ci-après :

ART. 2. — La rédaction de l'article 2 du décret du 16 janvier 1925 est remplacée par la rédaction suivante :

« ART. 2. — Dans chaque établissement ou partie d'établissement, l'administration du réseau devra, pour l'application de la loi du 23 avril 1919, choisir l'un des modes ci-après :

« 1° Limitation du travail effectif à raison de huit heures par jour ouvrable de la semaine ;

« 2° Répartition inégale entre les jours ouvrables des quarante-huit heures de travail effectif de la semaine, avec maximum de neuf heures par jour, afin de permettre le repos de l'après-midi du samedi ou toute autre modalité équivalente ».

ART. 3. — La rédaction de l'article 4 du décret du 16 janvier 1925 est remplacée par la rédaction suivante :

« ART. 4. — Lorsque des causes accidentelles ou nettement caractérisées de force majeure auront interrompu le travail dans un établissement, un atelier, ou un chantier, une prolongation de la journée de travail pourra être pratiquée à titre de compensation des heures de travail perdues dans les conditions ci-après :

« **a**) En cas d'interruption d'une journée au plus, la récupération pourra s'effectuer dans un délai maximum de quinze jours à dater du jour de la reprise du travail ;

« **b**) En cas d'interruption d'une semaine au plus, la récupération pourra s'effectuer dans un délai maximum de soixante jours à dater du jour de la reprise du travail ;

« **c**) En cas d'interruption excédant une semaine, la récupération pourra s'effectuer au delà de la limite indiquée à l'alinéa précédent, mais seulement avec une autorisation écrite du service du contrôle du travail, sur la demande du réseau qui y joindra l'avis des délégués régionaux du personnel intéressé.

« En cas d'interruption collective de travail un autre jour que celui du repos hebdomadaire, en raison d'inventaires, fêtes locales ou autres évènements locaux, la récupération des heures de travail perdues pourra être autorisée par le service du contrôle du travail après consultation des délégués régionaux du personnel intéressé.

« L'administration du réseau qui veut faire usage des facultés de récupération ci-dessus prévues doit, soit dans l'avis, soit dans la demande d'autorisation qu'elle devra adresser au service du contrôle du travail, indiquer la nature, la cause et la date de l'interruption collective de travail, le nombre d'heures de travail perdues, les modifications qu'elle se propose d'apporter temporairement au tableau de service en vue de récupérer les heures perdues, ainsi que le nombre d'agents auxquels s'applique cette modification.

« L'application du présent article ne pourra en aucun cas avoir pour effet de prolonger la durée du travail journalier de plus d'une heure ».

Art. 4. — La rédaction de l'article 5 du décret du 16 janvier 1925 est remplacée par la rédaction suivante :

« Art. 5. — La durée du travail effectif journalier peut, pour les travaux désignés au tableau ci-dessous et conformément à ses indications, être prolongée au delà des limites fixées, en conformité de l'article 2 du présent décret :

« 1° Travail des ouvriers employés au service de la force motrice, de l'éclairage, du chauffage et du matériel de levage. — 1 h. 1/2 au maximum ; 2 heures le lendemain de chaque journée de chômage ;

« 2° Travail des agents employés d'une façon courante ou exceptionnelle, pendant l'arrêt de la production, à l'entretien ou au nettoyage des machines et autres appareils que la connexité des travaux ne permet pas de mettre isolément au repos pendant la marche générale de l'établissement. — 1 heure au maximum, avec faculté de faire travailler ces agents 8 heures pendant les jours de chômage normal de l'établissement et 10 heures la veille desdits jours ;

« 3° Travail d'un contremaître, chef ou sous-chef de brigade ou d'un ouvrier spécialiste dont la présence est indispensable pour coordonner le travail de deux équipes qui se succèdent. — Une demi-heure au maximum ;

« 4° Travail des contremaîtres, chefs et sous-chefs de brigade, pour la préparation des travaux exécutés par l'établissement. — 2 heures au maximum ;

« 5° Travail du personnel des contremaîtres, chefs et sous-chefs de brigade ou d'équipe et agents affectés spécialement aux études, aux essais, à la mise au point de nouveaux types et à la réception de tous appareils. — 2 heures au maximum ».

Art. 5. — La rédaction de l'article 6 du décret du 16 janvier 1925 est remplacée par la rédaction suivante :

Art. 6. — Par application de l'article 8 (4°) du livre II du Code du travail et de la prévoyance sociale, la durée du service journalier des surveillants, des gardiens, des aiguilleurs, du personnel occupé au service des chemins de fer de l'établissement, des conducteurs d'automobiles, des agents du service d'incendie, des préposés au service médical et aux institutions créées en faveur des ouvriers et de leurs familles, peut être portée à 12 heures par jour ; dans la limite de ce maximum, les tableaux prévus par l'article 3 fixeront la durée de présence des agents en tenant compte de la nature et de l'importance du service dont ils sont chargés.

« Il est admis que cette durée de présence est équivalente à la durée maximum de travail effectif fixée par l'article 6 du chapitre II du titre premier du livre II du Code du travail et de la prévoyance sociale.

« La durée de présence des gardiens, concierges et agents similaires logés dans l'établissement dont ils ont la surveillance ou à proximité de cet établissement, pourra être continue, sous réserve des repos prévus par le statut du personnel ».

Art. 6. — Les articles 10, 11 et 13 à 16 inclusivement du décret du 16 janvier 1925 ne sont pas applicables au personnel des grands ateliers susvisés.

Art. 7. — Le décret du 10 janvier 1923, pris par application de l'article 22 du règlement d'administration publique du 14 septembre 1922, est abrogé.

Art. 8. — Le ministre des Travaux Publics et le ministre du Travail, de l'Hygiène, de l'Assistance et de la Prévoyance sociales sont chargés, chacun en ce qui le concerne, de l'exécution du présent décret.

Fait à Paris, le 15 février 1926.

Gaston DOUMERGUE.

Par le Président de la République :

Le Ministre des Travaux Publics,

De MONZIE.

Le Ministre du Travail, de l'Hygiène,
de l'Assistance et de la Prévoyance sociale,

DURAFOUR.

**

Liste des ateliers auxquels s'applique le décret

Chemins de fer de l'Etat. — Ateliers des Batignolles, de Rennes, de Sotteville, de Tours, d'Orléans, du Mans, de Mézidon, de Gisors.

Chemins de fer de l'Est. — Ateliers d'Epernay, de Noisy-le-Sec, de Mohon, de Romilly.

Chemins de fer du Midi. — Ateliers de Bordeaux.

Chemins de fer du Nord. — Ateliers de Longueau, de la Chapelle, du Landy, d'Hellemmes, de Roye, de Tergnier, d'Ailly-sur-Noye.

Chemins de fer du P.-L.-M. — Ateliers d'Arles, de Clermont-Ferrand, de Courbesac, de Dijon-Perrigny, de Dijon-Ville, de Nîmes, d'Oullins, de Paris, de Lyon-Guillotière, de Marseille-Prado, de Saint-Etienne, de Villeneuve-Saint-Georges.

Chemins de fer d'Orléans. — Ateliers de Choisy-le-Roi, de Périgueux, de Tours.

Chemins de fer d'Alsace et de Lorraine. — Ateliers de Bischeim, de Montigny, de Basse-Yutz, de Mulhouse.